Konrad Maurer
Über die Entstehung altnordischer Götter-
und Heldensagen

SEVERUS Verlag

Maurer, Konrad: Über die Entstehung altnordischer Götter- und Helden-sagen. Eine philosophisch-philologische und historische Herangehensweise. 2019
Neuauflage der Ausgabe von 1879
ISBN: 978-3-96345-204-8

Korrektorat: Lilly Pia Seidel
Satz: Sarah Schwerdtfeger, Lisa-Marie Zblewski
Ergänzendes Vorwort: Lilly Pia Seidel, SEVERUS Verlag

Umschlaggestaltung: Annelie Lamers, SEVERUS Verlag
Umschlagmotiv: www.pixabay.com

Bibliografische Information der Deutschen Nationalbibliothek: Die Deutsche Nationalbibliothek verzeichnet diese Publikation in der Deutschen Nationalbibliografie; detaillierte bibliografische Daten sind im Internet über https://dnb.de abrufbar.

Der SEVERUS Verlag ist ein Imprint der Bedey & Thoms Media GmbH, Hermannstal 119k, 22119 Hamburg

SEVERUS Verlag, 2019
http://www.severus-verlag.de
Gedruckt in Deutschland

Konrad Maurer

Über die Entstehung altnordischer Götter- und Heldensagen

Eine philosophisch-philologische
und historische Herangehensweise.

Inhalt

Vorwort.. 3

Philosophisch-philologische Klasse 13

Abbildungsverzeichnis 41

Konrad Maurer

Vorwort

Sagen von mächtigen Göttern und großen Helden
üben bis zum heutigen Tage eine unbeschreibliche
Faszination auf die Menschen aus, seien es beispiels-
weise die der antiken Griechen und Römer oder
eben jene aus dem Norden Europas. Seit jeher fun-
gieren sie als Mittel der Identifikation und werden
als wertvolles Nationalgut betrachtet. Oft unerklär-
bar bleibt dabei, wie sie eigentlich entstanden sind
und auf welche Art und Weise sie sich verbreiteten.
Die Frage der Herkunft bildet dabei besonders im
Fall der nordischen Mythologie einen Streitpunkt,
seit Jacob Grimm (1785–1863) mit seiner dreibän-
digen „Deutsche[n] Mythologie" von 1835 sowie
seiner These eines gesamtgermanischen Ursprunges – und damit der Gleichsetzung nordischer und
„deutscher" Götter – deren wissenschaftliche Erfor-
schung anstieß.

Auch der Rechtshistoriker Konrad Maurer
(1823–1902) konnte sich der Anziehungskraft dieses Themas nicht entreißen. Er war seit 1855 Professor des Deutschen Privat- und Staatsrechts an
der Universität München. Jedoch zog es ihn immer
wieder in den Norden, vor allem nach Island, welches er zu seiner geistigen Wahlheimat ernannte.
Um sein wachsendes Interesse an der isländischen

Sprache, Literatur, Geschichte und Kultur zu befriedigen, reiste er im Jahr 1858 ebendahin und erkundete das zu jener Zeit noch kaum erschlossene Land zu Pferde. Dabei stellte er Nachforschungen an zum nordischen Recht, und sammelte – den Brüdern Grimm nacheifernd – nebenbei Sagen von den Einheimischen, die er 1860 unter dem Titel „Isländische Volkssagen der Gegenwart. Vorwiegend nach mündlicher Überlieferung gesammelt und verdeutscht" herausbrachte.

Diese Reise blieb nicht die einzige, denn in Island schien er seine Bestimmung gefunden zu haben. Schon 1852 hatte er sein erstes größeres Werk „Die Entstehung des isländischen Staates und seiner Verfassung" diesem Land gewidmet. Nach 1860 forschte er weiter zu den nordischen Sagen und Rechtsquellen und beschäftigte sich bis zu seinem Lebensende mit ihnen. Dabei entwickelte er ein ausgezeichnetes Gespür für die Unterschiede zwischen den Rechtsausdrücken Islands und Norwegens, konnte dadurch zu den altnordischen Wörterbüchern beitragen und ausführliche Quellenkritik in beiden Sprachen betreiben.

Außerdem hielt er ab Ende der 1860er Jahre Vorlesungen über das nordgermanische Recht mit dem Schwerpunkt auf dem isländischen und norwegischen, in einer eigens für ihn eingerichteten, in Deutschland nie dagewesenen Lehrstelle. Als Ergebnis entstand dann 1877 sein erfolgreiches Werk „Das älteste Hofrecht des Nordens". Maurers

Forschungen zur Geschichte des nordisch-germanischen Rechts gelten bis heute als bahnbrechend, und das nicht nur in Deutschland, sondern auch in Skandinavien.

Seine Liebe und seinen Respekt für Island bekundete er wiederholt, er sprach sich zudem lautstark für dessen politische Unabhängigkeit von Dänemark aus. So wird er heute noch von den Isländern als einer der bedeutendsten Förderer aus dem Ausland wahrgenommen.

Nicht zuletzt leistete Maurer einen wichtigen Beitrag für die Gründung und Verwissenschaftlichung des Faches der Nordischen Philologie beziehungsweise der Skandinavistik.

In dem folgenden Sitzungsbericht der Bayerischen Akademie der Wissenschaften von 1879, deren Mitglied er seit 1865 war, unterstützt Maurer die damals neu aufgekommene Erkenntnis, dass die altnordischen Götter- und Heldensagen keine klar definierte Einheit rein skandinavischen Ursprunges seien. Stattdessen seien sie Mischungen vielfältiger Elemente antik-klassischer, aber auch jüdischer und christlicher Herkunft.

Entdeckt und bekannt gegeben wurde dies zunächst von dem norwegischen Philologen Sophus Bugge (1833–1907), einem Freund und Kollegen Maurers. Zu dessen Leistungen in dieser Fachrichtung gehören neben einer kritischen Edition der sogenannten Lieder-Edda („Norrœn fornkvæði") die „Studien über die Entstehung der nordischen Götter- und Heldensagen" von 1889, wobei er unter anderem darauf aufmerksam machte, dass die Entstehung von Teilen der altnordischen Mythen auf die britischen Inseln zurückzuverfolgen sei.

Hier vergleicht Maurer nun kritisch bisherige Forschungsergebnisse zu dieser Theorie, indem er vor allem auf Sophus Bugge eingeht und sich an die originalen Quellen der nordischen Mythologie hält, an die Edda und Saxo Grammaticus' (1160–1208) „Gesta Danorum". Damit gibt er einen einzigartigen, theoretisch fundierten Einblick in die Sagenforschung und in die Anfänge der Skandinavistik im 19. Jahrhundert.

Die These der fremden Einflüsse auf die nordischen Mythen verdeutlicht Maurer am anfänglich von

Balder

Sophus Bugge gewählten Beispiel des ätiologischen Mythos von Balder, der dessen Tod und Wiederauferstehung behandelt und auf diese Weise die Sonnenwenden erklären soll:

Balder beziehungsweise baldr gehört zu den Asen, zu dem größten und bekanntesten Göttergeschlecht der nordischen Mythologie. Er ist der älteste Sohn des Allvaters Odin und der Asenkönigin Frigg. Charak-

Odins letzte Worte an den toten Balder

Frigg

terisiert wird er als der allseits beliebte Gott der Sonne, der Tugendhaftigkeit, Schönheit, Gerechtigkeit, des Guten, des Frühlings und reinen Lichtes. Nachdem Balder Alpträume von seinem gewaltsamen Tod bekommt und den anderen Asen davon berichtet, lässt seine Mutter alle Götter, Tiere, Pflanzen, Steine, Eisen, Erze, Krankheiten, Gifte und sogar die Elemente das Versprechen abgeben, ihm niemals Leid zuzufügen. Der Mistelzweig erscheint ihr aber zu jung und unscheinbar, weshalb dieser von ihr außer Acht gelassen wird.

Bei einer Thingversammlung entsteht ein Spiel zwischen den Asen, in dem Balder von seinen Brüdern spaßeshalber mit allen möglichen Dingen beworfen und beschossen wird. Loki, der unbeliebte Trickster-Gott, wird neidisch, verwandelt sich Frigg gegenüber in eine alte Frau und erfährt so durch eine List von dem Mistelzweig. Er händigt ihn an Balders blinden Bruder Hödur und hilft ihm zu zielen. Der vermeintlich unsterbliche Sonnengott wird getroffen und tödlich verwundet.

Aus tiefer Trauer stirbt mit ihm seine Gattin Nanna, die Mondgöttin, sodass sie beide zusammen auf Balders Boot Hringthorni verbrannt werden. Mit Balders Tod gerät außerdem alles aus dem natürlichen Gleichgewicht und Ragnarök, der Untergang der Welt der Götter, wird eingeleitet. Frigg erteilt daraufhin ihrem Sohn Hermodr den Auftrag, in das Totenreich Hel zu reisen und dort um seine Wiederauferstehung zu bitten. Die gleichnamige Herrin der Unterwelt stellt im Gegenzug die Bedingung, dass alle Dinge der Welt, lebendige als auch tote, Balder beweinen sollen, um dessen Beliebtheit zu beweisen. Dies schlägt jedoch fehl, da eine Riesin namens Thökk in dem Sonnengott keinen Nutzen sieht und sich deshalb weigert, ihm zuliebe Tränen zu vergießen. Die anderen Götter interpretieren dies als einen weiteren Streich Lokis. Erst nach der Ragnarök kehrt Balder zusammen mit seinem Bruder Hödur, der zuvor aus Rachegründen von seinem Halbbruder Wali ermordet wurde, von den Toten zurück.

Dieser Teil des Mythos wird in der Edda dargestellt. Unter diesem Begriff versteht man zwei verschiedene altisländische Werke: die Lieder-Edda und die Snorra-Edda. Mittlerweile abgelehnt werden die Namen „Ältere Edda" und „Jüngere Edda", da die frühere Annahme, dass die Lieder-Edda älter sei und dem Verfasser der anderen Edda vorlag, als inkorrekt erwiesen wurde.

Die Lieder-Edda, die obendrein zu Maurers Zeit teilweise noch als Sæmundar-Edda bezeichnet wurde, da man sie fälschlicherweise dem Gelehrten Sæmundur Sigfússon (1056–1133) – auch als Saemund der Weise bekannt – zuwies, ist (wie der Name bereits sagt) eine Sammlung von 40 Liedern über die altnordischen Götter und Helden. Die älteste erhaltene Handschrift ist der sogenannte „Codex Regius", der in der letzten Hälfte des 13. Jahrhunderts entstanden sein soll. Noch heute herrscht keine Einigkeit über den eigentlichen Schreiber dieses Teils der Edda.

Die Snorra-Edda, oder auch Prosa-Edda genannt, ist eine Kompilation altnordischer Mythen, die von dem isländischen Dichter, Historiker und Politiker Snorri Sturluson (1179–1241) zwischen 1220 und 1225 zusammengetragen wurde. Einst sollte das Werk ein Leitfaden für Skalden, die altnordische Bezeichnung für Dichter, sein. Allerdings stellt sie neben der Lieder-Edda auch eine gute Quelle für die Mythenversionen des 13. Jahrhunderts dar.

Sie besteht neben einem Prolog aus der Gylfaginning („Täuschung des Gylfi"), der Skáldskaparmál („Lehre von der Dichtung") und dem Háttatal („Strophenverzeichnis"). Der Prolog (altisländisch formáli) sowie die Gylfaginning geben eine euhemeristische Einführung in die nordische Mythologie, die (vermutlich) Snorri in dem Geschichtswerk „Heimskringla" (ca. 1230) fortsetzt, in welchem er zum Beispiel Odin zu einem Urkönig in Saxland ernennt. Die beiden letzten Abschnitte der Snorra-Edda bilden den poetologischen Teil.

Dass die Edda einen unschätzbaren Wert für die Sagenforschung einnimmt, kann nicht bestritten werden. Als exakte Verschriftlichung der mündlichen Tradition sollte man sie allerdings nicht betrachten, da damalige Dichter und Schreiber häufig versuchten, diese Mythologie mit ihrem mittelalterlichen christlichen Weltbild zu vereinen und deshalb auf ihnen bekannte Darstellungsweisen zurückgriffen. Da aber auch die Traditionen nicht einheitlich waren, sind oftmals verschiedene nebeneinander angeführt. Der „ursprüngliche" Volksglaube wird somit stets nur in Ansätzen erschlossen werden können. Auch eine Rekonstruktion des gesamten mythologischen Systems wird wohl bedauerlicherweise nie möglich sein.

Lilly Seidel
SEVERUS VERLAG

Philosophisch-philologische Klasse

Herr Maurer legt vor:

„Über die Entstehung der altnordischen Götter- und Heldensage."

Unser auswärtiges Mitglied, Professor S o p h u s
B u g g e in Christiania, hat mich ermächtigt, der
Klasse von den Ergebnissen Mitteilung zu machen,
zu welchen ihn eingehende Untersuchungen über
die Entstehung der altnordischen Götter- und Heldensage neuerdings geführt haben. Ich mache von
dieser Ermächtigung umso freudiger Gebrauch, als
jene Ergebnisse nicht nur für unsere gesamte Auffassung des bezeichneten Gebietes von der ein-
schneidendsten Bedeutung sind, sondern zugleich
auch noch eine viel umfassendere Tragweite für das
Verständnis eines der dunkelsten Zeitabschnitte in
der Geschichte Nord- und Westeuropas besitzen.
Es handelt sich nämlich bei denselben um die über-
raschende Entdeckung, dass ein guter Teil der altnordischen Götter- und Heldensage nicht einheimischen Ursprunges, vielmehr teils antik-klassischer,
teils jüdisch-christlicher Herkunft, und dem Norden über die britischen Inseln zugeführt worden ist.

Sophus Bugge hat diese seine Entdeckung zuerst in einem Vortrage veröffentlicht, welchen er am 31. Oktober l. J. in der Gesellschaft der Wissenschaften in Christiania hielt. Es wird mir verstattet sein, auf diesen Vortrag etwas genauer einzugehen, wobei ich indessen bemerken muss, dass mir in Bezug auf denselben neben einigen Briefen Bugges selbst und mehrerer anderer norwegischer Freunde zur Zeit nur ein, übrigens sehr umsichtig abgefasster, Bericht in einer norwegischen Zeitung (Aftenbladet, 3. November 1879) vorliegt.

Unser geehrter Kollege erkennt in seinem Vortrage die Tatsache rückhaltlos an, dass die Grundzüge der Götterlehre bei den sämtlichen germanischen Stämmen gemeinsame gewesen seien, und erinnert daran, dass nicht nur gewisse Hauptgötter, wie etwa Óðin = Wodan oder þórr = Donar, sondern auch Nebengottheiten wie Fulla = Folla, den Nord- und Südgermanen gleichmäßig eigen waren, und dass hier wie dort über solche Götter gleichartige Vorstellungen bestanden. Er meint nur, dass man bisher den Blick allzu einseitig auf das Gemeinsame in der beiderseitigen Mythologie gerichtet, und nicht genugsam beachtet habe, wie die Eddalieder eine Menge von Göttern und Riesen nennen, von welchen bei den Deutschen keine Spur zu finden sei, und er macht darauf aufmerksam, dass einerseits jetzt als erwiesen gelten könne, dass keines dieser Lieder über das 9. Jahrhundert hinaufreiche, während andererseits deren reicher Inhalt

Sophus Bugge

unverkennbar von dem mächtigen Wellenschlage der Wikingerzeit getragen sei. Bezüglich dieses Teiles der altnordischen Mythen, aber auch nur bezüglich dieses Teiles derselben, wirft er sodann die Frage auf, woher dieselben wohl stammen mögen, und beantwortet er diese Frage dahin, dass dieselben nur ihrer Form und Ausprägung nach nordisch seien, wogegen deren Stoff seinem wesentlichsten Teile nach fremden Ursprunges sei. Den Stoff zu jenen Dichtungen sollen nämlich Erzählungen geliefert haben, welche nordische Männer in den Ländern des Westens von irischen oder angelsächsischen Christen gehört hätten, jedoch so, dass die Berichte englischer Erzähler zumeist wieder auf keltische Gewährsmänner zurückgeführt werden müssten; jenen Erzählungen selbst sollen dabei aber wieder teils alte griechisch-römische Götter- und Heldensagen zugrunde liegen, teils jüdisch-christliche Berichte, Legenden, oder sagenmäßige Ausschmückungen der biblischen Geschichte, und zwar sei der Stoff der auf einzelne Götter und Helden bezüglichen Sagen vorwiegend klassischer Herkunft, wogegen in den von der ganzen Weltordnung, deren Untergang und Wiederaufleben handelnden Erzählungen zumeist der jüdisch-christliche Stoff überwiege. Bei den griechisch-römischen Erzählungen mache sich ein gänzlicher Mangel an Verständnis des Zusammenhanges bemerkbar, welcher innerhalb des fremden Mythenkreises besteht, und zeigten sich infolge

dessen oft Züge in der nordischen Sage zu einer
Einheit zusammengefügt, welche ursprünglich den
verschiedenartigsten Mythen angehört hätten; die
Quellen aber jener von den nordischen Wikingern
im Westen gehörten Sagen seien sehr verschie-
denen Schlages gewesen, z.B. lateinische Samm-
lungen mythischer Erzählungen, unter welchen
die Kommentatoren Vergils, zumal Servius, einen
hervorragenden Platz einnehmen, sowie die von
Angelo Mai herausgegebenen Mythographien der
vatikanischen Bibliothek, welche keinenfalls älter
als aus dem 6. Jahrhundert und wahrscheinlich der
Feder irischer Mönche zu verdanken seien, – ferner die Fabeln des Hyginus, neben ihnen aber auch
Homer und Apollodor, u. dgl. m. Westliche, und
zumal irisch-keltische Mittelglieder seien in der
Überlieferung der Mythen ständig zu verspüren,
wogegen weit seltener eine Einwanderung frem-
der Elemente über das nordwestliche Deutschland
sich bemerkbar mache; die Umgestaltung aber des
überlieferten fremden Stoffes sei stets mit einem
bewundernswerten Reichtum an Phantasie und
mit mächtiger dichterischer Kraft vollzogen worden, und allerwärts zeige sich demselben der Stem-
pel echt nordischer strenger Lebensbetrachtung
und tief sittlichen Ernstes aufgeprägt. Dabei müsse
die Umformung des fremden Stoffes zunächst von
einer gelehrten Dichtung ausgegangen sein, welche
von den Hofdichtern nordischer Häuptlinge in den
Westlanden betrieben worden sei; schon frühzeitig

seien indessen die umgestalteten Mythen über die See in die nordische Heimat hinübergewandert, und bei dem lebendigen Verkehre jener bewegten Zeit bald auch hier zu weiter Verbreitung und wirklicher Volkstümlichkeit gelangt.

Die Grundzüge der neuen Lehre, welche Professor Bugge aufgestellt hat, dürften damit ziemlich erschöpfend bezeichnet sein: es möchte sich inzwischen empfehlen, an einem von ihm selbst gewählten und behandelten Sagenstoffe nachzuweisen, auf welche Art diese Lehre im Einzelnen gehandhabt werden will, und somit noch etwas näher auf die Erörterung der B a l d e r s m y t h e einzutreten.

Vor allem sucht Bugge festzustellen, dass Balder keineswegs ein gesamtgermanischer Gott gewesen sei, wie man auf Jakob Grimms Autorität hin anzunehmen gewohnt ist. Während in der ersten Ausgabe der deutschen Mythologie dieses Letzteren (1835) nur aufgrund einiger Mannsnamen, einiger etymologischer Bemerkungen, dann etwa der Notiz im Formáli der Snorra-Edda: „annarr son Óðins hèt Beldegg, er vèr köllum Baldr" (I, S. 26), Baldr auch den Deutschen und Engländern als Gott zugesprochen worden war, gab später das eine der beiden Merseburger Gedichte dem Begründer der deutschen Sprach- und Sagenforschung Veranlassung, teils in einer eigenen Abhandlung (Über zwei entdeckte Gedichte aus der Zeit des deutschen Heidentums, 1842; Kleinere Schriften, II, S. 1–29), teils in den späteren Ausgaben seiner

Mythologie (1844, 1854 und 1875–78) sich weitläufiger über diesen Punkt zu verbreiten. Das zweite der beiden genannten Gedichte erzählt nämlich, wie Phol und Wodan zu Holze fuhren, dabei dem Füllen „Balderes" der Fuß verrenkt wurde, und wie sodann mehrere Göttinnen, und zuletzt Wodan selber, die Verletzung besprachen; da glaubte nun Grimm, Phol und Balder als identisch nehmen, und in dem ersteren Namen eine den Deutschen allein eigene Bezeichnung des Gottes erkennen zu sollen. Dem gegenüber macht nun Bugge darauf aufmerksam, dass in allen den obigen parallel laufenden Besprechungsformeln immer dieselbe Person den Schaden bespricht, deren Fohlen ihn erlitten hat, sodass also „balder" als eine Bezeichnung Wodans genommen muss; da im Angelsächsischen *baldor* oder *bealdor* im Sinne von Herr, Fürst gebraucht wird, liegt es in der Tat nahe genug, das Wort in der althochdeutschen Formel ebenso auszulegen, und einfach auf Wodan zu beziehen. Phol dagegen, meint Bugge, werde wohl der böse Geist sein, der die Beschädigung des Füllens verschuldet habe, wie er denn auch an der Besprechung des Schadens sich nicht beteilige; da anlautendes „ph" auf fremden Ursprung des Namens deute, will er in ihm Apollo wiedererkennen, von welchem die nordische Sage manche Züge auf ihren bösen Dämon, Loki = Luzifer, übertragen habe.

Ist hiernach Baldr als ein eigener Gott der südgermanischen Sage völlig fremd, so tritt er dagegen in der nordgermanischen Überlieferung in zweifacher Fassung auf, deren eine in Völuspá und einigen anderen Eddaliedern, dann Gylfaginning, und deren andere bei Saxo Grammaticus uns erhalten ist. In der ersteren Auffassung der Baldersmythe werden nun zunächst sehr beträchtliche christliche Bestandteile nachgewiesen. Es wird hervorgehoben, wie Gylfaginning, Kap. 22, von Baldr als dem schönsten und glänzendsten, besten, weisesten und mildesten aller Götter eine Schilderung gibt, welche ganz den Erzählungen christlicher Männer von dem weisen Christus (Hvítakristr) zu entsprechen scheint, während dieser Quellenkreis außer dem Lobe seiner reinen und lichten Persönlichkeit nur noch von seinem schuldlosen Tode zu erzählen weiß (ebenda, Kap. 49), aber sonst von keiner Tat oder Leistung desselben; hervorgehoben auch, dass *þeóda bealdor*, der Herr der Völker, in der angelsächsischen Dichtung als Bezeichnung Gottes gebraucht wird, sodass *baldor*, der Herr, eine ganz passende Bezeichnung für Christus abgeben konnte. In der Erzählung von Baldrs Tod werden ferner die entschiedensten Parallelen zu der Leidensgeschichte Christi erkannt. Schwere Träume verkünden dem Baldr den kommenden Tod; in gleicher Weise lässt ein altes dänisches Volkslied (Svend Grundtvig, Danmarks gamle Folkeviser, II, S. 538) Christus durch Träume seine bevorstehende Verurteilung erfahren. Frigg nimmt allen Geschöpfen der Welt Eide darüber ab, dass sie Baldr keinen Schaden tun wollen, und schließ-

lich kann dieser nur durch einen Mistelzweig getötet werden, welcher ihr noch zu jung erschienen war,
um vereidigt zu werden; ganz ähnlich erzählt eine
jüdische Sage aus dem Mittelalter, welche schon
vor Jahren unser Kollege C. Hofmann beigebracht
hat (Germania, II, S. 48), wie kein Holz den Herrn
Jesus tragen wollte, weil er sie alle mit dem heiligen
Namen beschworen hatte, bis endlich Judas einen
Krautstängel aus seinem Garten holt, an welchen
der Herr sofort gehängt wird. Im Gefühle der durch
die Vereidigung erlangten Sicherheit unterhalten
sich nun die Götter damit, den Baldr am Ding (*á
þingum*) mit allerlei Gegenständen zu bewerfen
und zu beschießen, bis endlich ein Wurf mit jenem
Mistelzweige ihn tötet; Bugge erkennt hierin ein
Gegenbild der Verspottung Christi, welche ebenfalls „in prætorio", d.h. an der Gerichtstätte vor sich
geht, und bei welcher der Herr mit einem Rohrstabe
(*arundo*) geschlagen wird, aus welchem durch Miss-
deutung des gebrauchten Ausdruckes leicht ein Pfeil
werden konnte, und er erinnert dabei an das angel-
sächsische Gedicht vom heiligen Kreuze, welches
(V. 62; bei Grein, II, S. 145) das Kreuz Christi über
seine Verwundung durch Pfeile klagen lässt. Auch
in der Aufforderung Lokis an Höðr, dem Baldr auch
seinerseits eine Ehre anzutun, soll ein Anklang an
die Verspottung des Herrn zu finden sein, wie solche
in der Begrüßung des Dornengekrönten als König
gelegen habe; ungleich erheblicher aber ist eine auf
Baldrs Mörder, Höðr, bezügliche Bemerkung. Von

diesem wissen die isländisch-norwegischen Quellen nichts weiter zu berichten, als dass er ein Sohn Óðins und Bruder Baldrs, blind und sehr stark gewesen sei (Gylfaginning, Kap. 28; Skáldskaparm., Kap. 13), dass er ferner Baldr tötete, und dafür von dessen Bruder Vali getötet wurde (Skáldskaparm, Kap. 12; Hyndluljóð, 29). Nun hat zwar J. Grimm aus etymologischen Gründen in Höðr einen Kriegsgott sehen, und seine Blindheit daraus erklären wollen, dass er als solcher Glück und Unglück blindlings verteile, eine Annahme, an der er freilich hinterher selbst irre geworden zu sein scheint (ed. 4, I, S. 184–5; vgl. III, S. 79); aber Bugge bemerkt mit Recht, dass die Quellen für diese Deutung keinen Anhaltspunkt gewähren, indem sie nirgends den Höðr als Kriegsgott bezeichnen, und schlägt seinerseits eine ganz andere Erklärung vor. Er will nämlich in Höðr den Longinus der christlichen Legende sehen, der ja auch blind war, und dem man eine Lanze in die Hand gegeben hatte, um ihn nach dem gekreuzigten Heilande stoßen zu lassen; von der Lanze ($\lambda \acute{o} \gamma \chi \eta$) hatte dieser seinen Namen Longinus, und durch ein Missverständnis der Worte: „καὶ ὁ ἑωρακώς μεμαρτύρηκεν" (Joh. 19, 35) seine Blindheit erhalten, die er durch ein Wunder verlieren sollte, um für die Göttlichkeit Christi Zeugnis ablegen zu können; während also Svend Grundtvig in seinen Vorbemerkungen zu dem oben angeführten dänischen Volksliede, welches ebenfalls einen Blinden die Seite unseres Herrn durchstechen lässt, die Parallele schon richtig bemerkt, aber gemeint hatte dem heidnischen Baldrsmythus einen bestimmenden Einfluss auf die Ausbildung der christlichen Legende einräumen zu müssen, kehrt Bugge das Verhältnis um, indem er vielmehr die Baldrsmythe in diesem Punkte auf die christliche Legende als ihre Quelle zurückführt. Wie ferner Maria den Tod Christi, so beweint auch Frigg den Tod ihres Sohnes Baldr (Völuspá, 33), und wenn Gylfaginning die gesamte Natur über den Letzteren weinen lässt, so weiß Bugge auch hiefür aus dem altsächsischen Heliand sowohl als aus angelsächsischen Gedichten Cædmons und Cynevulfs Parallelen anzuführen. Dass endlich Loki auch in der nordischen Baldrsmythe die Rolle Luzifers, d.h. des christlich-jüdischen Teufels spielt, braucht kaum noch bemerkt zu werden.

Soviel nun aber der Baldrsmythus in seiner eddischen Fassung aus christlichen Vorstellungen entlehnt hat, so wenig genügen diese doch nach Bugges Meinung, um ihn völlig zu erklären, wie denn insbesondere der Name Höðr, welchen Baldrs Bruder und Mörder, dann der Name Nanna, welchen Baldrs Frau trägt, von dieser Seite her kein Licht empfangen. Dazu kommt, dass Saxos Darstellung der Sage nicht die mindeste Spur einer Einwirkung christlicher Vorstellungen zeigt. Nach ihr ist Höðr (Hotherus oder Hötherus) des Königs Höddbroddr (Hothbrodus) Sohn; er verliebt sich in seines Pflegevaters Gevarus Tochter, Nanna, und wird von ihr wider geliebt. Da erblickt Baldr (Balderus), Óðins

Sohn, die Nanna im Bade, verliebt sich sterblich in diese, und beschließt den Höðr zu töten; dieser aber, obwohl von übernatürlichen Weibern gewarnt, hält sofort um die Nanna an, und macht sich, da Gevarus aus Furcht vor dem Göttersohne sie ihm zu versprechen Anstand nimmt, auf, um von dem Waldgeiste Mimingus das Schwert, durch welches allein der unverwundbare Baldr gefällt werden konnte, zu erkämpfen, während Nanna Baldrs Anträge unter dem Vorwande zurückweist, dass Verbindungen zwischen Göttern und Menschen weder passlich noch glückbringend seien. Nun kommt es zum Kampfe zwischen Höðr und Baldr, in welchem der Letztere zwar von der ganzen Götterschaar unterstützt wird, aber dennoch unterliegt, weil es dem Höðr gelingt, þórs Hammer durch Abhauen seines Stiels unbrauchbar zu machen. Nanna heiratet daraufhin den Höðr, welcher indessen, von Baldr nochmals bekriegt, und diesmal geschlagen, verzweifelnd nach Schweden fliehen muss, und erst nachdem er, wiederum von jenen wundersamen Weibern belehrt, mit List dem Baldr seine stärkende Speise entzogen und solche selbst genossen hat, vermag er den Baldr im Zweikampfe schwer zu verwunden, welcher dann auch nach drei Tagen stirbt, wie ihm eine nächtliche Erscheinung der Hel (Proserpina) verkündigt hatte. In dieser Darstellung nun meint Bugge einen ursprünglicheren Bestandteil der Baldrsmythe erkennen zu sollen, welcher hauptsächlich von Kämpfen Baldrs mit Höðr gehandelt habe, und welcher auf eine Verschmelzung dessen zurückgehe, was die griechische Sage von Achilles und Patroklos berichte. Selbst die isländische Form der Sage, in welcher doch dieser griechische Doppelheld ganz mit Christus verschmolzen sei, lasse noch neben ihren sehr vorwiegenden christlichen Bestandteilen einzelne Grundzüge der klassischen Sage durchscheinen. So entspreche der Umstand, dass Baldr von Höðr durch einen Pfeilschuss getötet werde, der Erzählung spätrömischer Quellen, dass Achilles von Paris erschossen worden sei, und wie Loki den Schuss des Höðr, so lenkt hier Apollo den des Paris; von Saxo aber werde Höðr ganz wie Paris in der klassischen Sage geschildert, nämlich als ein junger, schöner Königssohn, ausgezeichnet in allen und jeden Künsten, zumal auch im Spielen musikalischer Instrumente. Selbst der Name Höðr soll auf Paris zurückweisen. „Höð", dem irischen *cath* und dem angelsächsischen *heaðu* entsprechend, bedeutet Krieg; in ursprünglich keltischen Worten fällt nach einem feststehenden Lautgesetze anlautendes „p" aus, und die gleiche Regel findet auch wohl auf Wörter Anwendung, welche aus dem Lateinischen entlehnt wurden, sodass dem Kelten $Aρης$ und Paris zusammenfallen konnten, wie denn wirklich eine irische Glosse Mars durch Cath wiedergibt. – Aus der griechischen Sage erklärt sich ferner nach Bugge auch der Name der Nanna. Bei Saxo ist diese des Höðr, nicht des Baldr Frau; ihr Name ist der der Önone, der ersten Frau des Paris, während sie insoweit, als sie bei Saxo zu einem langwierigen Kampfe Veranlassung gibt, in welchen selbst die Götter verflochten werden, mit der Helena verschmolzen erscheint. In Gevarus, dem Vater der Nanna, soll Kebren, der Önone Vater, zu erkennen sein; Nanna und Önone sterben überdies ganz gleichmäßig aus Kummer über den Tod ihres Mannes, und werden mit diesem zugleich auf den Scheiterhaufen gelegt. Wie ferner Baldr nur mit einem Gegenstande, so konnte Achilles nur an einer Stelle seines Körpers verwundet werden, und beide hatten ihren Müttern ihre Unverwundbarkeit zu verdanken. Wie Baldr Óðins Sohn war, so sollen bestimmte Spuren darauf hinweisen, dass auch Achilles als Jupiters Sohn betrachtet wurde, nicht als Sohn des Peleus; Frigg aber, Baldrs Mutter, wohnt in Fensalir, d.h. im Meeressale, da *fen* in der dichterischen Sprache die See bezeichnet, und sie erweist sich damit als identisch mit der Nereide Thetis, der Mutter Achills. An Patroklos dagegen sollen mehr untergeordnete Züge in der Sage erinnern. So die Sorge der Götter über Baldrs Tod, verglichen mit dem Kummer der Achäer über des Patroklos Fall; so ferner das Legen des Ringes Draupnir und des gesattelten Pferdes Baldrs auf dessen Scheiterhaufen, verglichen mit der Schale und dem Zweigespanne, welche Achilles auf des Patroklos Bahre und Scheiterhaufen legt; so endlich die Hilfeleistung der Riesin Hyrrokkin, d.h. des Gewittersturmes, beim Flottmachen des Leichenschiffes Baldrs, verglichen mit der Sendung

Odin auf seinem Thron

der Stürme durch Äolus, um den Scheiterhaufen des Patroklos in Brand zu bringen.

Auf so manche andere Beispiele einer Einwirkung christlicher oder römisch-griechischer Überlieferungen auf die altnordische Götter- und Heldensage, welche unser verehrtes Mitglied anführt, vermag ich hier nicht weiter einzugehen; doch glaube ich nicht unerwähnt lassen zu dürfen, dass nicht nur S. Bugge die Völva mit der Sibylle zusammenstellt, sondern dass auch ein anderes Mitglied der Gesellschaft der Wissenschaften in Christiania, Dr. theol. A. B a n g , in einem wenig später in dieser Gesellschaft gehaltenen Vortrage aufgrund durchaus selbstständiger Forschungen die Vermutung begründet hat, das unter dem Namen Völuspá bekannte Eddalied sei seinem Ursprunge nach auf die Sibyllinischen Orakel zurückzuführen, und gleich diesen bestimmt gewesen, christliche Ideen den Heiden mundgerecht zu machen. Das erhabenste unter allen Liedern der älteren Edda, aus welchem man die sichersten Schlüsse in Bezug auf die germanische Götterlehre ziehen zu können meinte, würde sich hiernach als ein Erzeugnis wenigstens halbwegs christlicher Kreise, und zugleich als vielfach von antiker Kultur beeinflusst herausstellen!

E s kann nicht fehlen, dass der neue Standpunkt, von welchem aus S. Bugge die nordische Götter- und Heldensage betrachtet, wissen will, und welchen auch Dr. Bang in engerem Umkreise vertreten hat, im ersten Augenblicke wahrhaft verblüffend wirken muss. Wir sind, in Deutschland wie im Norden, gewöhnt, jene Sage als etwas Uraltes und höchst Nationales anzusehen, gutenteils sogar als gemeinsamen Besitz des gesamten germanischen Stammes. Aus den Liedern der Sæmundar-Edda, aus der Prosa der Snorra-Edda, aus der lateinischen Bearbeitung altnordischer Liederstoffe durch Saxo Grammaticus glaubten wir die sicherste Grundlage für unsere Mythen- und Sagenforschungen zu gewinnen, und nun sollen gerade diese scheinbar so rein fließenden Quellen vom Auslande her gespeist und getrübt sein? Bei genauerem Zusehen dürfte sich indessen das Befremdende der neuen Lehre doch großenteils verlieren, und es dürfte sich verlohnen, auch dieser Seite der Frage noch einige Aufmerksamkeit zuzuwenden.

Die Zweifel, welche gleich beim ersten Bekanntwerden der zwiefachen Edda in Deutschland gegen deren Echtheit und Glaubwürdigkeit von Schlözer, Adelung, Rühs erhoben worden waren, haben allerdings keinen bleibenden Erfolg gehabt, und konnten solchen nicht haben, da dieselben teils viel zu weit gingen, teils wenigstens jeder tieferen wissenschaftlichen Begründung entbehrten; vielmehr stellte sich bald, zumal durch J. Grimms maßgebende Arbeiten bestimmt, die allgemeine Ansicht bei uns dahin fest, dass jene Quellenwerke ein einheitliches, getreues Abbild des Volksglaubens im heidnischen Norden gewähren, und dass dieser Volksglauben trotz mancher örtlicher Verschiedenheiten doch im Wesentlichen derselbe gewesen sei, welcher auch bei den übrigen Stämmen des germanischen Gesamtvolkes in der vorchristlichen Zeit geherrscht habe. Im Norden dagegen pflegt man zwar etwas entschiedener den spezifisch nordgermanischen, oder auch wohl spezifisch isländisch-norwegischen Charakter der in den Edden niedergelegten Mythologie zu betonen; aber an dem hohen Alter und dem nordisch-nationalen Ursprunge dieser Mythologie pflegt man nicht zu zweifeln, und auch deren prinzipielle Verwandtschaft mit dem Glauben und den Sagen der Südgermanen nicht zu bestreiten, so dass also die beiden Aussprüche J. Grimms: „Die echtheit der nordischen mythologie anfechten wäre eben so viel als die echtheit oder selbständigkeit der nordischen sprache in zweifel ziehen", und: „Ebensowenig lässt sich die gemeinschaft und nahe berührung der nordischen mythologie mit der übrigen deutschen verkennen" (Deutsche Mythologie, S. 7 der ersten, und S. 8 der vierten, von Elard Hugo Meyer besorgten Ausgabe), immerhin als gemeinsames Bekenntnis der nordischen und deutschen Wissenschaft bezeichnet werden dürfen. Indes ergaben sich doch neuerdings mehrfache Symptome, welche auf eine beginnende Erschütterung dieses Bekenntnisses hinzudeuten schienen. Neben den zahlreichen Übereinstimmungen, welche sich zwischen der nordischen und der deutschen Mythologie zeigten, waren die nicht minder zahlreichen Abweichungen niemals völlig übersehen worden, welche zwischen beiden bestehen; immerhin aber mochte sich der Zweifel regen, ob man nicht in Betonung des Gemeinsamen allzu einseitig verfahren, und zumal auf sehr ungenügende Anhaltspunkte hin vielfach Übereinstimmungen angenommen habe, wo ein nüchterner Blick von solchen nichts zu gewahren vermochte. Auf die Dauer ließ sich ferner auch eine gewisse Zwiespältigkeit des Materiales nicht wohl verkennen, welches die nordischen Quellen selbst in Bezug auf die heidnische Religion und die näher oder ferner mit ihr in Zusammenhang stehenden Vorstellungen bieten, soferne nämlich die Geschichtsquellen auf viel schlichtere, und in manchen Beziehungen auch wohl anders geartete Anschauungen über Götter und Wichte hindeuten, als welche uns in den Eddaliedern, den Dichtungen der Skálden, oder den Berichten der jüngeren Edda entgegentreten. Dazu kam, dass der alte, naive Glauben an ein alle anderen Zeugnisse weit überragendes Alter der Eddalieder vor einer eindringenderen Kritik nicht bestehen konnte, vielmehr früher oder später die Frage aufgeworfen werden musste; ob nicht alle diese Lieder, oder doch einzelne von ihnen, einer Zeit angehören möchten, welche deren unbedingte Beweiskraft in Fragen der vergleichenden germanischen Sagenforschung, oder selbst der spezifisch nordischen Götterlehre zweifelhaft machen müsste. Bei einzelnen Punkten der nordischen Mythologie, zumal bei den die Eschatologie betreffenden, drängte sich überdies schon frühzeitig der Zweifel auf, ob nicht christliche Anschauungen für deren Gestaltung maßgebend geworden seien, und andererseits wies das, zumal im Norden, so erfolgreich betriebene Studium der geschichtlichen wie vorgeschichtlichen Altertümer auf Verbindungen mit dem Auslande hin, welche für sehr verschiedene Zeiträume eine Einwirkung dieses Letzteren auf den Norden nahe legten, während zugleich von eben dieser Seite her eine neue Quelle für die Erkenntnis des altnordischen Volkslebens selbst sich eröffnete. Auch andere geschichtliche oder sprachliche Forschungen, welche frühe Beziehungen zwischen dem Norden und dem Auslande klarlegten, konnten nicht ohne Einfluss auf die Gestaltung der Anschauungen über die nordische Mythologie bleiben; aber freilich traten alle jene Beobachtungen zunächst nur ganz isoliert auf, wie es eben dem einzelnen Forscher darauf ankam, die eine oder andere sprachliche, literargeschichtliche, religionsgeschichtliche oder archäologische Frage zu lösen, und sie vermochten demnach zwar unvermerkt den Grund zu untergraben, auf welchem die bisherigen Überzeugungen bezüglich der altnordischen Mythologie ruhten, aber nicht einen neuen Standpunkt in Bezug auf deren Beurteilung zu begründen. Es kann natürlich nicht dieses Ortes sein, die einzelnen Äußerungen, welche in der einen oder anderen Richtung etwa in Betracht kommen könnten, hier vollständig vorzuführen; einige Andeutungen aber über bezeichnendere Aussprüche einzelner Schriftsteller mögen immerhin verstattet sein, da sie am Ersten veranschaulichen können, in welcher Richtung sich die Geister bewegten. Da hat nun zunächst ein dänischer Gelehrter, dem wir überhaupt so mancherlei tiefgehende Anregung verdanken, E. J e s s e n , mit aller Schärfe darauf hingewiesen,[1] dass die Eddalieder nicht nur ihren Stoff gutenteils der deutschen Heldensage entlehnt haben, sondern auch in ihren Naturschilderungen nicht nur Norwegen, sondern auch Island im Auge haben, hin und wieder Wörter lateinischen Ursprunges gebrauchen, vielfach einen mehr gelehrten als volksmäßigen Ton anschlagen, gelegentlich Bekanntschaft mit dem Christentume verraten, und dgl. m. Ziemlich gleichzeitig hatte i c h selber, zum Teil auf Mitteilungen gestützt, welche ich Guðbrandr Vigfússon verdanke, Zweifel an dem hohen Alter und der heidnischen Ursprünglichkeit dieser Lieder erhoben,[2] nachdem ich noch um ein Jahrzehnt frü-

---

1   Småting om oldnordiske digte og sagn, in der (dänischen) Historisk
     Tidsskrift, III. Række, 6. Bd., S. 226 u. fgg. (1868).

2   Über die Ausdrücke altnordische, altnorwegische und isländische
     Sprache, S. 503 u. 689–90 (1867); Über die norwegische Auffassung der nordischen Literaturgeschichte, in der Zeitschrift für deutsche Philologie, I, S 58–59 (1869); Islands und Norwegens Verkehr mit dem Süden vom 9. bis 13. Jahrhundert, ebenda, II, S. 440 u. fgg.

her in meinem Werke über „die Bekehrung des norwegischen Stammes zum Christentume" (1855–
56) zwar auf die wunderlich gemischten
Glaubenszustände im Norden während des 9. und
10. Jahrhunderts und den Verfall des dortigen Hei-
dentumes nachdrücklich hingewiesen, aber zufolge
meines damals noch unerschütterten Glaubens an
die Eddalieder beide Tatsachen in Verbindung zu
setzen noch nicht gewagt hatte. Mit ganz ähnlichen
Bedenken trat sofort auch T h . M ö b i u s hervor,[3]
während G u ð b r a n d r   V i g f ú s s o n an ver-
schiedenen Stellen des von ihm herausgegebenen
Wörterbuches, und zumal durch die diesem beige-
gebene „List of British Rivers"[4] auf die Beziehungen
so mancher Eddalieder zu Schottland und Nordeng-
land hinwies, damit auf eine Ansicht hinstrebend,
welche er nunmehr in den Prolegomena zu seiner
Ausgabe der Sturlúnga des Näheren ausgeführt hat,
und nach welcher die überwiegende Zahl der Eddalieder auf den britischen Inseln entstanden sein soll,
während allerdings eine andere Gruppe von diesen
norwegischer, und eine dritte grönländischer Herkunft wäre.[5] Wiederum hat der treffliche norwegische Historiker, J. E. S a r s , darauf aufmerksam
gemacht,[6] dass die Lieder und. Erzählungen der

---

3   Nordischer Literaturbericht, in der ang. Zeitschr., I, S. 434–37 (1869).

4   S. 780 (1869).

5   Sturlúnga saga, I, S. CLXXXIII, u. ff. (1878).

6   Udsigt over den norske Historie, 1, S. 87–90, vgl. S. 168–74 (1873).

Edden nicht als der Ausdruck eines ursprünglichen und allgemeinen Volksglaubens angesehen werden dürfen, dass vielmehr das kriegerische Treiben der Wikingerzeit, und vielleicht auch der Einfluss christlich-religiöser Vorstellungen auf sie bestimmend eingewirkt habe, und dass ihr Inhalt mehr den Anschauungen der höfischen Kreise und ihrer Heergesellen als denen der großen Masse des Volkes entsprochen habe. S o p h u s B u g g e selbst hat in einem Aufsatze über Bischof Bjarni Kolbeinsson und die Snorra-Edda[7] darzutun gesucht, dass die in die Snorra-Edda eingestellten nafna-þulur älter als Snorri, und dass sie auf den Orkneys von einem Dichter geistlichen Standes, wahrscheinlich von Bischof Bjarni, gedichtet worden seien. In einem Vortrage, welchen er im Juli 1876 auf der Philologenversammlung zu Kopenhagen hielt, welcher mir indessen leider nicht zugänglich ist, suchte er ferner aus metrischen Gründen den Nachweis zu erbringen, dass keines der Eddalieder in der Gestalt, in welcher diese uns vorliegen, älter sein könne als das 9. Jahrhundert, und von derselben Grundanschauung gehen auch die Bemerkungen aus, mit denen er, dessen Ausgabe der Sæmundar-Edda (1867) erst festen Grund für die Behandlung der einschlägigen Fragen gelegt hatte, eine Ausgabe der Hamðismál begleitete.[8] Endlich sprach er in einem Vortrage,

---

7   Aarböger for nordisk Oldkyndighed og Historie, 1875, S. 209 u. fgg.

8   Zeitschrift für deutsche Philologie, VII, S. 377 u. fgg.(1876).

welchen er am 7. November 1873 in der Gesellschaft der Wissenschaften in Christiania hielt, und
von welchem in den Verhandlungen dieser Gesellschaft ein kurzer Auszug gedruckt wurde, die
Überzeugung aus, dass das größere gesamt-
germanische Runenalphabet von 24 Zeichen auf der
lateinischen Buchstabenschrift beruhe, welche
durch Vermittlung keltischer Völker zu den Germa-
nen gelangt sei, und dass das spezifisch nordische
Runenalphabet von 16 Zeichen sich erst hinterher
im Norden selbst aus diesem reicheren entwickelt
habe, – eine Überzeugung, welche ziemlich gleichzeitig auch L u d v. W i m m e r in Kopenhagen in
einer umfangreichen und höchst lehreichen
Abhandlung wesentlich übereinstimmend ausführ-
te.[9] Ein Aufsatz von A. E d z a r d i über „die skaldi-
schen Versmasse und ihr Verhältnis zur keltischen
(irischen) Verskunst"[10] führt in ähnlicher Weise die
Abhängigkeit der altnordischen Skáldenmetrik von
der irischen durch, und ist durch diese wie jene
Arbeiten gezeigt, wie die keltischen Stämme, sei es
nun selbstständig oder als Vermittler römisch-griechischer Kultur auf die germanischen Völker überhaupt oder auch auf deren nordischen Zweig, insbe-

9   Runeskriftens Oprindelse og Udvikling i Norden, in den Aarböger
    for nordisk Oldkyndighed og Historie, 1874, S. 1–270.

10 Paul und Braune, Beiträge zur Geschichte der deutschen Sprache
    und Literatur, V, S. 570 u. fg. (1879); vgl. E. Sievers, ebenda, VI, S.
    374–5 (1879).

sondere auf anderen geistigen Gebieten, bestimmenden Einfluss gewannen. Inzwischen hatte aber H e n r y   P e t e r s e n auch bereits den Versuch gemacht, durch eingehendere Betrachtung der Ausbeute, welche die Überlieferungen und Denkmäler der Vorzeit für unsere Kenntnis des heidnischen Kultus abwerfen, den Nachweis zu führen,[11] dass der wirkliche Volksglauben im Norden ein wesentlich anderer gewesen sei als der in den beiden Edden vorgetragene, und dass in jenem þórr die erste Rolle gespielt habe, welche hier dem Óðin zugeteilt sei. Er weist dabei auch die Annahme zurück, dass die Götterlehre der zwiefachen Edda etwa dem Glauben der höfischen Kreise im Gegensatze zu dem des geringeren Volkes entsprochen habe, und vermutet, dass dieselbe vielmehr vom Auslande her, etwa aus Deutschland oder England, in den Norden herübergewandert sei, als eine mythologische Dichtung einer Zeit, in welcher die Religion nicht mehr in ihrer vollen Kraft stand; in der Wikingerzeit aber lässt auch er diese Dichtung ihren endlichen Abschluss finden.

Gerade die lebhaften Erörterungen, welche diese letztere, in Dänemark sehr heftig angegriffene Arbeit hervorrief, haben S. Bugge, nach seiner eigenen Angabe, im Winter 1876–77 zu tieferem Nachdenken über die einschlägigen Fragen angeregt, und

---

11   Om Nordboernes Gudedyrkelse og Gudetro i Hedenold; Kopenha-
      gen, 1876.

in ihm jene Idee auftauchen lassen, von welcher er selber sagt, sie sei so revolutionär, dass ihm anfangs selber bange vor ihr geworden sei. Wenn ich aber versuchte, den Zusammenhang dieser Idee mit früheren wissenschaftlichen Theorien und Meinungen nachzuweisen, so war dafür meinerseits nicht etwa die Absicht bestimmend, der Entdeckung meines gelehrten Freundes ihren revolutionären Charakter und das Verdienst völliger Neuheit zu bestreiten. Ich halte vielmehr dafür, dass die höchste Wahrscheinlichkeit für die Stichhaltigkeit einer neuen Theorie dann vorliegt, wenn dieselbe in derjenigen Richtung geht, nach welcher die geistige Strömung in der betreffenden Wissenschaft sich bereits bewegt, und sehe mich darum veranlasst, die Entdeckung Bugges an diesem Prüfstein zu proben. Da finde ich nun, dass sie uns zeigt, wie derjenige Teil der altnordischen Mythologie, welcher ohne entsprechendes Gegenbild in der deutschen bleibt, mit dem zusammenfällt, welcher der zwiefachen Edda und allenfalls der Hofdichtung eigen war, ohne doch im wirklichen Volksglauben der Nordleute eine Stätte zu finden; dass sie uns ferner jene Eddalieder, auf denen hinwiederum die Hofdichtung sowohl als die Prosa der jüngeren Edda beruht, als Erzeugnisse einer Zeit und einer Gegend vorführt, welche recht wohl gestatten, ihren Stoff, soweit er ein neuer ist, auf ausländische Einwirkung zurückzuführen, und zugleich durch die Vergleichung ihres Inhaltes mit dem bestimmt bezeichneter ausländischer Überlieferungen diese Einwirkung in hohem Grade wahrscheinlich macht. Sie vereinigt eine ganze Reihe bisher vereinzelter Lichtstrahlen in einem Brennpunkte, und erreicht dadurch eine ebenso lebhafte als natürliche Beleuchtung bisher dunkler Punkte. So begrüße ich denn die neue Lehre als einen sehr bedeutsamen Fortschritt in unserer Wissenschaft, wobei sich übrigens von selbst versteht, was auch von S. Bugge unumwunden zugestanden wird, dass deren Anerkennung im Prinzip keineswegs ein sehr weites Auseinandergehen der Ansichten in einer Reihe von Detailfragen ausschließt. Mir selber will die Einwirkung jüdisch-christlicher Vorstellungen auf den Inhalt der Eddalieder ungleich bündiger bewiesen scheinen als die Einwirkung römisch-griechischer Mythen, und sehe ich mit Verlangen den weiteren Veröffentlichungen unseres verehrten Mitgliedes entgegen, deren eine, wie ich mich freue mitteilen zu können, bereits in nächster Zeit, und zwar zugleich in norwegischer und deutscher Sprache, erscheinen wird.

Abbildungsverzeichnis

Porträt Konrad Maurer von Knud Larsen Bergslien..... 2

Darstellung von Balder aus „Old Norse Stories" von
Sarah Powers Bradish (1900)....................................... 6

Illustration von W. G. Collingwood aus "The Elder or
Poetic Edda; commonly known as Sæmund's Edda"
von Olive Bray (1908).. 7

Darstellung von Frigg aus „Old Norse Stories" von
Sarah Powers Bradish (1900)....................................... 8

Porträt von Sophus Bugge aus „Nordisk Tidsskrift
for Filologi 16 (1907–1908)....................................... 15

Illustration aus „Manual of Mythology" von
Alexander Murray (1874).. 27

Konrad Maurer
**Über die Entstehung altnordischer
Götter- und Heldensagen**
Eine philosophisch-philologische und
historische Herangehensweise

SEVERUS Verlag Hamburg 2019
vsl. 52 Seiten, 12,0 x 19,0 cm

vsl. 26,00 € (HC)
ISBN: 978-3-96345-204-8

vsl. 20,00 € (PB)
ISBN: 978-3-96345-203-1

„Es handelt sich nämlich bei denselben um die über-
raschende Entdeckung, dass ein guter Teil der altnordischen Götter- und Heldensage nicht einheimischen
Ursprunges, vielmehr teils antik-klassischer, teils
jüdisch-christlicher Herkunft, und dem Norden über
die britischen Inseln zugeführt worden ist."

Ob Thors Kampf gegen die Midgardschlange, Odins
unsichtbar machender Wunschmantel oder die ver-
heerenden Folgen der Ragnarök – seit je her lassen wir
uns von den Sagen über Götter und Helden inspirieren
und unterhalten. Doch wo kommen sie her und wie
sind sie überhaupt erst entstanden? Konrad Maurer
(1823–1902) beschäftigte sich neben seiner Tätigkeit
als Rechtshistoriker leidenschaftlich mit der Geschichte
und Kultur Islands und Norwegens. In diesem Werk
stellt er deren Ursprung und Selbstständigkeit infrage.

Sophus Ruge
Norwegen. Land und Leute
Mit 115 Abbildungen nach fotografischen
Aufnahmen und Karten

SEVERUS Verlag Hamburg 2019
220 Seiten, 12,0 x 19,0 cm

34,00 € (HC)
ISBN: 978-3-96345-199-7

25,00 € (PB)
ISBN: 978-3-96345-200-0

„Und ein anderer Freund und Bewunderer der eigen-
artigen Schönheit des Landes ruft begeistert aus: ‚Was
wollen alle Alpenseen gegen die Schönheit und Frische
dieser Fjorde mit ihren unzähligen Seevögeln, ihren
Fischzügen und dem erhabenen Ausblick auf den Atlan-
tischen Ozean! Hier ist alles groß wie eine Odyssee!'"

Das Land der Fjorde, der Wasserfälle und Gebirgszüge –
in seiner Monografie über Norwegen führt uns Sophus
Ruge (1831–1903) durch ein Land, das zu seiner Zeit
noch wenig bereist und zu großen Teilen vollkommen
unberührt war. Der deutsche Geograf setzt sich dabei
mit der landschaftlichen Beschaffenheit der einzelnen
Gebiete auseinander und untermalt seine Darstellungen
mit Zeichnungen, Fotografien und Landkarten. Sein
Werk bietet einen historischen Einblick in Flora und
Fauna, Bevölkerung, Hauptstadt und politische Eintei-
lung des damals noch unwegsamen Norwegens.

Peter Christen Asbjørnsen; Jörgen Moe
Norwegische Volksmärchen Band I und II
Eine Sammlung nordischer Traditionsgeschichten

SEVERUS Verlag Hamburg 2019
284 Seiten, 15,5 x 22,0 cm

38,00 € (HC)
ISBN: 978-3-96345-209-3

29,00 € (PB)
ISBN: 978-3-96345-210-9

„Wie hat sich seitdem diese Gegend der Bücherwelt verwandelt! Eine ganze reiche Literatur dieser Märchen ist entstanden und aus allen Ländern der Erde zusammengetragen."

Bekannte Märchenfiguren wie Aschenbrödel oder Blaubart treffen auf Trolle und andere nordische Sagengestalten – diese Sammlung nordischer Märchen, zusammengestellt von den norwegischen Schriftstellern Peter Christen Asbjørnsen und Jørgen Moe, bietet nicht nur Kindern interessante Einblicke in die Märchenwelt des hohen Nordens. Der deutsche Schriftsteller Ludwig Tieck beschreibt die zweibändige Sammlung in seinem Vorwort als einen „nordischen Strauß von Spätblumen und einigen seltsamen Pflanzen". Übersetzt wurden die kurzweiligen Erzählungen von Friedrich Bresemann.